On ve

Séverine Vidal est née en 1969. Après des études de lettres, elle devient professeur des écoles. Depuis la rentrée 2011, elle se consacre à l'écriture à plein temps. Son premier livre jeunesse est paru en 2010 chez Talents Hauts. Elle écrit des romans pour adolescents (Le Rouergue, Grasset, Oskar), des BD, des albums (Sarbacane, Frimousse) et des textes pour la presse.

Henri Fellner est né en 1962 à Versailles. Après des études à l'École des arts décoratifs de Paris, il devient illustrateur pour la jeunesse, la presse adulte et la presse d'entreprise. Ses ouvrages sont publiés aux éditions Bayard et Gallimard.

Du même illustrateur dans Bayard Poche :
Les exploits d'Eliott (Mes premiers J'aime lire)
La maison de mon grand-père – Copain ! (J'aime lire)

Pour Robinson, mon filleul
S. V.

Dépôt légal : juin 2014
ISBN : 978-2-7470-4985-6
Maquette : Fabienne Vérin
Loi n° 49-956 du 16 juillet 1949 sur les publications destinées à la jeunesse.

On veut un chien !

Une histoire écrite par Séverine Vidal
illustrée par Henri Fellner

mes premiers J'AIME LIRE
bayard poche

Chapitre 1

Plein de poils

Chez nous, il y a deux clans.

Le « maxi-clan » est composé de Lou et moi. Nous, on aime les animaux : tous, surtout les chiens tout doux qui font des câlins. Le « mini-clan » est composé de Papa et… c'est tout. Juste Papa et sa grande phrase : « Les chiens, c'est plein de poils. Je n'aime pas ça ! »

Maman n'appartient à aucun clan, elle ne prend pas parti*. Si on faisait un match, je crois que Maman serait l'arbitre, sans le sifflet.

* Prendre parti : Prendre parti pour quelqu'un, c'est le défendre, dire qu'il a raison.

Au début, je pensais que Papa refusait un chien juste pour rigoler. Alors, j'ai insisté. Papa a crié :

– Moi vivant, il n'y aura pas de chien à la maison ! Compris ?

J'ai compris qu'il était fâché. Mais je n'ai pas compris comment c'était possible de ne pas aimer les chiens.

Lou et moi, ça nous a rendus tristes. Je me consolais en me disant que plus tard, je serais vétérinaire, et voilà.

Lou se consolait avec Gangster*, son hamster. Ce n'est pas facile pour les câlins, mais c'est mieux que rien.

Quelquefois, on essaie de mettre une laisse à Gangster pour le promener dans la rue, mais ça ne marche pas du tout.

* Un gangster : Un bandit qui appartient à une bande. C'est un mot qui vient de l'anglais et qui se prononce « gangstère ».

Lou et moi, on est têtus. Sur le frigo, on a scotché un tableau à deux colonnes :

Avoir un chien : les plus et les moins.

On écrit une phrase tous les jours dans la colonne des « plus ». Par exemple :

- Prendre l'air le matin pour la promenade.
- Être accueilli quand on rentre de l'école.
- Jouer dans le jardin en lançant des os.
- Avoir un ami pour la vie.

Papa remplit l'autre colonne, celle des « moins ». Et il a de l'imagination :

- Sentir le chien mouillé.
- Nettoyer les poils du chien sur le canapé.
- Être obligé de sortir, même quand il pleut.
- Avoir droit à des bisous baveux.

Un matin, ma sœur et moi, on a décidé d'utiliser les grands moyens.

On a fait une manifestation*.

* Une manifestation : C'est le fait de manifester, c'est-à-dire se rassembler pour dire qu'on n'est pas content ou pour réclamer quelque chose.

UN CHIEN, C'EST PLUS DE CALINS!
UN CHIEN, C'EST BIEN

Chapitre 2

La manifestation

C'était drôle à organiser. Mais Maman n'était pas sûre que ce soit une bonne idée :

– Je ne sais pas si votre père va aimer.

On a fait deux pancartes en carton. Moi, j'ai écrit les slogans* : Un chien, c'est plus de câlins ! et Un chien, c'est bien.

Ce n'est pas facile, les rimes en « ien ».

Le soir, dès que Papa est rentré, on a brandi nos pancartes devant lui. Lou hurlait, avec son cheveu sur la langue :

– Un sien ! Ze veux un sien !

* Un slogan : Une phrase courte qui est faite pour qu'on la retienne facilement. Il y a des slogans dans les manifestations, mais aussi dans la publicité.

Papa nous a regardés, l'air tout étonné. Puis il s'est installé dans le jardin pour lire tranquille.

Lou et moi, on est montés dans notre chambre avec nos pancartes qui traînaient derrière nous. J'ai pris Gangster sur mes genoux et j'ai dit :

– Allez, boule de poils, fais le beau !

Mais il n'a rien fait. Franchement, les hamsters, comme chiens, c'est pas terrible.

Le lendemain, Papa a voulu se faire pardonner en nous apportant un chien en peluche. Maman s'est écriée :

– Oh, c'est gentil, ça ! Regardez, les enfants, il est mignon, ce chien !

J'ai répondu :

– Une peluche, c'est chouette, mais nous, ce qu'on veut, c'est un chien bien vivant.

Lou a joué un peu avec « Max le faux chien », puis on a décidé de le ranger au grenier.

Et là, en faisant tomber un carton rempli de cartes postales et de vieilles photos, j'ai fait une découverte.

Une vraie découverte !

Je me suis retrouvé nez à nez avec Papa et un chien ! Enfin, une photo de mon papa quand il était petit, en train de rire aux éclats avec un chien dans ses bras. Sous la photo, il était écrit :

Pierre et Toutouf, juillet 1982

Chapitre 3

Toutouf et Flocon

J'ai gardé la photo de Papa dans ma poche quelque temps. Et puis, un soir à table, c'est sorti tout seul :

– Papa, c'est qui Toutouf ?

C'est bizarre, parce qu'en entendant ça, Papa est devenu tout blanc. Comme s'il avait vu un fantôme…

Alors, Papa nous a enfin raconté son histoire :

– Toutouf, c'est… c'était mon chien. J'avais ton âge, Milo. Nous avions trouvé ce chien sur la plage. Nous l'avons soigné, nous avons cherché à retrouver ses maîtres. Au bout de trois semaines, nous avons pensé qu'il était abandonné, alors nous l'avons gardé, je l'ai appelé Toutouf. Et c'est devenu mon meilleur ami. Voilà.

J'ai demandé :

– Et qu'est-ce qui lui est arrivé, à ton chien, Papa ?

– Un jour, ses maîtres ont appelé à la maison. Ils l'avaient cherché partout… Ils sont venus le reprendre. Je revois encore leur fille, heureuse comme tout d'avoir retrouvé son chien ! En partant, elle m'a dit : « Merci d'avoir sauvé Flocon. »

Lou a demandé :

– C'est qui, Flocon ?

J'ai rigolé.

– Ben, c'est le vrai nom de Toutouf !

Et Papa a retrouvé son sourire.

J'ai continué :

– Alors, Papa, c'est pour ça que tu n'aimes pas les chiens ?

– J’aime beaucoup les chiens, a-t-il répondu. Je sais justement ce que ça fait quand ils repartent. J’ai été très triste à l’époque. Et si on avait un chien, j’aurais peur qu’il lui arrive quelque chose…

C’est comme ça qu’on a compris le problème de Papa avec les chiens. Alors, on a retiré le tableau des plus et des moins qui était sur le frigo.

Finalement, un matin au petit-déjeuner, Papa a dit :

– J'ai réfléchi. Revoir cette photo avec Toutouf, ça m'a aussi rappelé des tas de beaux souvenirs ! J'ai très envie d'un chien dans la famille. Un chien à nous. Un chien qui ne repart pas. Toujours d'accord, les enfants ?

L'après-midi, on est allés ensemble adopter un chien. C'était génial : Lou courait partout en rigolant.

Papa voulait un gros chien, comme ceux qu'on voit à la montagne. Maman, un chien noir et blanc. Et Lou, un tout petit chien minuscule. Moi, j'ai dit :

– Ça m'est égal. Je veux un chien, juste un chien qui aboie.

En fait, on n'a pas eu à voter, ni à tirer au sort pour savoir quel chien on ramènerait à la maison.

C'est le chien qui nous a choisis. Il est venu se blottir près de Papa : comme s'il l'adoptait !

Papa s'est baissé pour le caresser, puis il nous a regardés en riant aux éclats, comme sur la photo de 1982. Il a dit :

– Voilà, c'est lui ! C'est notre chien !

C'est Lou qui a choisi le nom : on l'a appelé Fripouille !

Des histoires pour les lecteurs débutants !

Réfléchir et comprendre
la vie de tous les jours

Rire et sourire
avec des personnages insolites

Se faire peur et frissonner
de plaisir

Rêver et voyager
dans des univers fabuleux

Se lancer dans des aventures
pleines de rebondissements

Petit lecteur deviendra grand

Découvrez le magazine *Mes premiers J'aime lire*

DÈS 6 ANS

Votre enfant va découvrir la lecture ?
Notre formule débutants est idéale **pour accompagner son apprentissage pas à pas :**

- Pendant 9 mois, votre enfant reçoit le magazine *Mes premiers J'aime lire*, **spécialement conçu pour accompagner les lecteurs débutants**.
- Pour les 3 derniers mois, votre enfant a grandi et reçoit *J'aime lire*, qu'il est désormais prêt à lire !
- Vous recevez avec chaque numéro **le CD audio de l'histoire** pour guider la lecture.

Pour en savoir plus, rendez-vous sur **www.mespremiersjaimelire.com**

Achevé d'imprimer en avril 2014 par Pollina S.A.
85400 Luçon - Numéro d'impression : L68065c
Imprimé en France